学生健康自我成长课程

主　编　季　苹

副主编　涂元玲　赵雪汝　杨　玲

我是密码高手

学习手册

李磊　李健　主编

学校：_____

班级：_____

姓名：_____

教育科学出版社

·北京·

出 版 人　李　东

责任编辑　何　薇

插画设计　张亦伦

版式设计　宗沅书装　吕　娟

责任校对　贾静芳

责任印制　叶小峰

图书在版编目（CIP）数据

我是密码高手学习手册／李磊，李健主编．—北京：
教育科学出版社，2019.3（2024.1 重印）
（学生健康自我成长课程／季苹主编）
ISBN 978-7-5191-1835-8

Ⅰ. ①我… Ⅱ. ①李… ②李… Ⅲ. ①心理健康—健
康教育—中小学—教学参考资料 Ⅳ. ① G444

中国版本图书馆 CIP 数据核字（2019）第 037903 号

学生健康自我成长课程

我是密码高手学习手册

WO SHI MIMA GAOSHOU XUEXI SHOUCE

出 版 发 行	教育科学出版社				
社　　　址	北京·朝阳区安慧北里安园甲 9 号		邮　　　编	100101	
总编室电话	010-64981290		编辑部电话	010-64981277	
出版部电话	010-64989487		市场部电话	010-64989009	
传　　　真	010-64891796		网　　　址	http://www.esph.com.cn	
经　　　销	各地新华书店				
制　　　作	宗沅书装				
印　　　刷	天津市光明印务有限公司				
开　　　本	880 毫米 ×1230 毫米　1/16		版　　　次	2019 年 3 月第 1 版	
印　　　张	4.5		印　　　次	2024 年 1 月第 6 次印刷	
字　　　数	56 千		定　　　价	30.00 元	

图书出现印装质量问题，本社负责调换。

让我们一起探索情绪密码

亲爱的同学：

　　你好！

　　经过上学期在多彩情绪世界的畅游，你是不是能够觉察到自己的情绪了？是不是体会到了情绪使我们的生活有了更丰富的色彩？是不是懂得了爱是一种混合情绪？是不是能够经过沟通让自己和父母的爱变得更温暖了？如果是这样，那就恭喜你已经走进了情绪世界，已经开始提升自己的情绪能力了！这个学期，我们要进一步理解情绪产生的原因，探索情绪密码。

　　当我们漫步于繁花小路时，每个人的情绪感受都不尽相同：我们的心可能随蒲公英在微风中起舞，可能如蔷薇般怒放，也可能有"花谢花飞花满天，红消香断有谁怜"的愁思。为什么在同一情境中不同人的情绪会不一样呢？这个原因似乎不在于外在世界，而在于我们自身。那到底是为什么呢？当心情如蔷薇般怒放的我面对陷入愁思的你的时候，情绪困扰自会产生。老师悄悄地告诉你：情绪都是有密码的。只有理解了情绪是怎么产生的，才能真正解决情绪困扰问题。

当我们探索出了情绪密码，就能理解为什么小羊请小狗吃饭，准备了自己最喜欢的美食，小狗却觉得难以下咽，不高兴地走了。只要用心，情绪密码就能找到。

同桌看到你的记事本湿了一角，马上拿纸巾要帮你擦拭，却不小心碰倒了桌上的酸奶。友谊就由一杯酸奶开始发酵了。这发酵是好还是不好呢？友谊的建设和维护也是有密码的，让我们一起寻找友谊密码，使友谊不翻船。

当你拿到一张满分试卷准备向爸爸妈妈报喜时，他们的一句"别骄傲，继续努力"浇灭了你的满心欢喜。你转身回到自己的卧室，不再跟爸爸妈妈说话。亲子关系又一次破裂。让我们一起找到团队密码和家庭密码，在和煦中快乐成长。

不管是友谊密码、团队密码，还是家庭密码，都是以情绪密码为基础的。所以，情绪密码太重要了。让我们一起探索彼此的情绪密码，成为密码高手，让友谊开花，让家庭更和睦、团队更和谐！情绪密码就是我们的自我密码，也是我们共同的幸福密码！

爱你的老师

CONTENTS | 目　录

第一单元　镜子里有秘密

第一课时 唤起我的情绪

1. 理解唤起情绪的重要性。
2. 掌握做表情、听音乐等具体的情绪唤起方式，同时能够探索出适合自己的情绪唤起方式。

情绪密码探索

请你和同学一起读一读本书最前面老师写给你们的信，一起来探索自己的情绪密码吧！

活动一 做表情唤起情绪

高兴起来

小曼昨天考试没考好，她很难过。今天是周末，一大早，爸爸妈妈就给小曼做了一桌好吃的，好朋友小美也邀请她一起出去玩儿，可小曼还是开心不起来。小曼该怎么办？

（1）如果小曼一直难过，不调整自己的情绪会怎么样？

（2）如果你是小曼，你会怎样让自己开心起来？

_____

（3）下图画出了小曼的两种表情。假设你是小曼，请你分别做这两种表情，同时说一下"新的一天开始了，我要开心起来"这句话。在不同表情下说这句话的时候，你有什么样的感受？

_____

经过调整，小曼开心了一些。接下来，我们继续看小曼的故事。

高兴起来（续）

经过自我调节，小曼开心了一些。她发现好朋友小美今天穿了一条漂亮的粉色裙子，走路蹦蹦跳跳的，心里又多了一分开心。小美跑到花圃里，停下来一动不动地看着什么。小曼顺着小美的目光看过去，"哇！美丽的蝴蝶！"小曼在心里叫了起来……

用心体会上面的故事，你觉得小曼开心的情绪重要吗？为什么？

_____

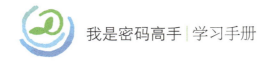
活动二　听音乐唤起情绪

打起精神来复习

快要期末考试了，可小新总是提不起精神复习。他说："我也知道该着急，可复习的时候就是'提笔困难'，懒懒的，提不起精神来。"

（1）小新这时需要什么样的情绪才能让自己进入复习状态呢？

_____

（2）如果你是小新，你听到的两首乐曲中，哪首乐曲给你带来的情绪让你更愿意开始复习？

_____

（3）是不是在所有情境下都适合用听音乐的方式来唤起情绪呢？

_____

活动三　来到我的生活里

还有哪些方式可以唤起你的情绪？

_____唤起情绪；

_____唤起情绪；

_____唤起情绪。

我真的学到了！

下面列出了这节课的主要内容，你都掌握了吗？请根据你掌握的程度给下面每项内容后面的☆涂色。

1. 适当的积极情绪有助于我们建立和发展良好的人际关系，能让我们更有动力去做事，也能更好地享受生活。☆ ☆ ☆ ☆ ☆

2. 做表情可以唤起相应的情绪，听音乐也可以唤起相应的情绪。☆ ☆ ☆ ☆ ☆

3. 要善于探索和选择适合自己的情绪唤起方式。☆ ☆ ☆ ☆ ☆

我的练功房

二级功夫第一招：情绪激活术。

1. 练功目的

我们做事以及与人交往都需要一定的情绪，可以用情绪激活术帮助我们唤起自己的情绪。该高兴的时候要能高兴起来，该悲伤的时候要能悲伤，该平静的时候也要能平静，让自己充满能量。

2. 练功要领

（1）明确自己需要的情绪。

（2）找到适合自己的情绪唤起方式。

第一单元

第二单元

第三单元

第四单元

第五单元

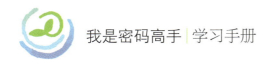
情绪激活术

	生活实例	需要的情绪	我的情绪激活术	练功时长
1	赖床不想起	兴奋	听音乐	30秒
2				
3				
4				
5				

我的学习和练功体会

　　你在学习、练功的过程中有什么体会和感悟？以文字或图画的形式记录下来吧。

第二课时　你是我的镜子

学习目标

1. 了解他人是自己情绪的镜子，我们可以通过他人的反应觉察自己的情绪。

2. 了解他人这面镜子会照出和我们的情绪一致的情绪，也会照出不一致的情绪。

3. 能够通过照镜子觉察情绪，及时判断自己的情绪是否需要调整。

情绪密码探索

活动一　"打招呼"

1. 讨论

当情绪来了的时候，我们可以根据情绪觉察六要素来觉察自己的情绪。除此之外，我们还可以通过什么方式觉察自己的情绪呢？

2. 拓展练习

根据下页两幅图讨论后面的问题。

过年时，张爷爷（左）笑着给李奶奶（右）作揖拜年。

公交车上一位男士踩到了一位女士的脚，女士大吼起来。

（1）李奶奶的情绪反应是什么？

_____

（2）男士的情绪反应是什么？

_____

（3）张爷爷和女士知道自己当时的情绪吗？

_____

（4）我们可以通过什么方式了解自己的情绪？

_____

活动二　别扭的镜子

1. 演一演

别扭的镜子1

小曼在这次考试中有了很大进步。她欣喜若狂，跑过去跟好朋友小天说道："小天，我进步了！太好了！哈哈……"她边说边做出超人的动作。小天并没有热情地祝贺她，只是淡淡地说了声

"哦"。原来，平时学习不错的小天这次没考好，正在难过。小曼马上意识到自己高兴过头了，没有考虑到别人的情绪，于是她马上调整了自己的言行，不再那么兴奋，开始平静地和小天探讨试卷上的问题。

别扭的镜子 2

小新在这次考试中有了很大进步。他欣喜若狂，跑过去跟好朋友小天说道："小天，我进步了！太好了！哈哈……"他边说边做出超人的动作。小天并没有热情地祝贺他，只是淡淡地说了声"哦"。原来，平时学习成绩不错的小天这次没有考好，正在难过。小新并没有觉察到小天不开心的情绪，继续兴奋地和小天说自己的进步。小天听着，更加难过了。旁边的同学不满地瞪着小新。

第一单元

第二单元

第三单元

第四单元

第五单元

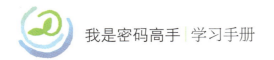
2. 讨论

（1）小曼的情绪是什么？小天的情绪是什么？

_____

（2）小天这面镜子有没有照出跟小曼一致的情绪？

_____

（3）小曼为什么忽然停下来，不再那么兴奋了呢？

_____

（4）你觉得小曼和小新谁的行为更恰当？为什么？

_____

活动三　来到我的生活里

你在生活中有没有遇到过通过他人这面镜子觉察到自己的情绪的事呢？请你写一写。

事件	他人的情绪	我的情绪	情绪是否需要调整

我真的学到了！

下页列出了这节课的主要内容，你都掌握了吗？请根据你掌握的程度给下页每项内容后面的☆涂色。

1. 他人是我们情绪的镜子，我们可以通过他人的反应来觉察自己的情绪。☆☆☆☆☆

2. 他人这面镜子会照出和我们的情绪一致的情绪，也会照出不一致的情绪。☆☆☆☆☆

3. 照出和我们的情绪不一致的情绪的镜子是别扭的镜子。面对别扭的镜子，我们要想想自己的情绪表达是否恰当以及情绪表达不恰当时应该怎样调整。☆☆☆☆☆

4. 他人这面镜子照出跟我们一致的不开心的情绪时，我们要想想是否要调整自己的情绪。☆☆☆☆☆

5. 通过他人这面镜子觉察自己的情绪在人际交往中是非常重要的，我们要多加练习。☆☆☆☆☆

我的练功房

二级功夫第二招：你是我的镜子。

1. 练功目的

学会通过他人这面镜子觉察自己的情绪，提高自己的情绪觉察能力，建立良好的人际关系。

2. 练功要领

（1）注意交流过程中他人的情绪反应。

（2）反思自己的情绪表达是否需要做相应的调整。

第一单元
第二单元
第三单元
第四单元
第五单元

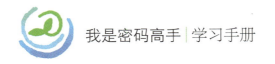

你是我的镜子

	生活中的事件	自己的情绪	他人的情绪	自己的情绪是否需要调整	怎么调整自己的情绪
1					
2					
3					
4					
5					

我的学习和练功体会

　　你在学习、练功的过程中有什么体会和感悟？以文字或图画的形式记录下来吧。

第二单元　寻找情绪密码

第三课时　情绪密码透视法

学习目标

1. 理解需要是情绪的密码，知道理解情绪背后的需要才能理解情绪。

2. 理解每个人的需要是不同的，所以面对同一件事情，不同的人会有不同的情绪。

3. 理解需要可以分为物质需要和精神需要，这两种需要都会影响情绪。

情绪密码探索

活动一　变脸

请你观察上页两幅图并回答：小宝宝为什么会变脸？

活动二　妈妈的礼物

1. 演一演

妈妈的礼物 1

旁白：今天是左左和右右这对龙凤胎兄妹的生日，可是妈妈恰巧要出差，所以妈妈提前在网上分别订购了他们喜欢的礼物，希望给他们一个惊喜。

右右：哥哥，今天是我们的生日，你猜妈妈给我们准备了什么礼物？

左左：不知道呀。

旁白：叮咚，门铃响了。

右右：一定是妈妈回来了！

奶奶：我去开门，等着啊。

旁白：是快递员叔叔把右右的礼物先送到了家。

快递员叔叔：右右的快递。

右右：我的快递？

旁白：右右打开一看，是自己期待已久的芭比娃娃。

右右：哇！我最喜欢的芭比娃娃！还有纸条——"亲爱的右右，今天是你的生日，妈妈祝你生日快乐！由于要出差，妈妈不能在家陪你过生日了，只能把生日礼物快递给你，希望你喜欢。妈妈爱你！"

旁白：左左并不知道自己也有生日礼物，只是还没寄到，他看着离开的快递员叔叔，心里……

第一单元

第二单元

第三单元

第四单元

第五单元

妈妈的礼物 *2*

旁白：今天是左左和右右这对龙凤胎兄妹的生日，可是妈妈恰巧要出差，所以妈妈提前在网上订购了他们喜欢的礼物，希望给他们一个惊喜。

右右：哥哥，今天是我们的生日，你猜妈妈给我们准备了什么礼物？

左左：不知道呀。

旁白：叮咚，门铃响了。

右右：一定是妈妈回来了！

奶奶：我去开门，等着啊。

祝你们生日快乐！

旁白：是快递员叔叔把他们的礼物送到了家。

快递员叔叔：左左和右右的快递。

右右：我们的快递？

旁白：他们迫不及待地把快递盒子打开。

右右：哇！我最喜欢的芭比娃娃！

左左：还有我最喜欢的遥控汽车呢！但是……

右右：快看，还有纸条——"亲爱的左左、右右，今天是你们的生日，妈妈祝你们生日快乐！由于要出差，妈妈不能在家陪你们过生日了，只能把生日礼物快递给你们，希望你们喜欢。妈妈爱你们！"

旁白：右右高兴地想："妈妈这么惦记我们，好温暖。"左左看了看纸条，低着头回卧室了，他……

2. 讨论

（1）在两个情景剧中，左左的情绪是怎样的？为什么会这样？

_____

（2）在两个情景剧中，右右也知道妈妈不能陪他们过生日了，但她仍然很开心，她是怎么想的呢？

_____

活动三　外号的伤害

1. 演一演

外号的伤害

小天给小美起了个外号——"章鱼"。小美特别不喜欢这个外号，小天还总是这样叫她。终于有一次，当小天又叫小美"章鱼"时，小美趴到桌子上哭了起来。小天有点不知所措，走过去跟小美说："我送你一支铅笔，别哭了。"可小美还是哭个不停……

2. 讨论

小美的情绪是什么？她为什么会有这样的情绪？

活动四　来到我的生活里

我们把透过情绪看需要这项技能叫作"情绪密码透视法"，它对于情绪的理解和调整非常重要。现在请你想一想，在你的生活里，哪件事情给你的印象最深刻？你能分析一下你当时的情绪及背后的需要是什么吗？

事件	情绪	需要

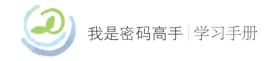

我真的学到了！

下面列出了这节课的主要内容，你都掌握了吗？请根据你掌握的程度给下面每项内容后面的☆涂色。

1. 需要是情绪的密码，透过情绪看到需要有助于我们真正理解和调整自己的情绪。
☆ ☆ ☆ ☆ ☆

2. 需要分为物质需要和精神需要，这两种需要都会影响情绪。
☆ ☆ ☆ ☆ ☆

3. 每个人的需要是不同的，所以面对同一件事情，不同的人会有不同的情绪。☆ ☆ ☆ ☆ ☆

我的练功房

二级功夫第三招：情绪密码透视法。

1. 练功目的

学会运用情绪密码透视法理解和调整自己的情绪。

2. 练功要领

（1）明确自己的情绪感受，并用恰当的情绪词语表达出来。

（2）接纳自己的情绪，使自己的情绪平和下来。

（3）用情绪密码透视法来看情绪背后的需要。

（4）通过调整自己的需要来调整自己的情绪。

情绪密码透视法

事件

情绪词语

需要

情绪密码透视法

我的学习和练功体会

你在学习、练功的过程中有什么体会和感悟？以文字或图画的形式记录下来吧。

第一单元

第二单元

第三单元

第四单元

第五单元

第四课时　情绪密码对应调整法

学习目标

1.能将情绪觉察与情绪密码透视法结合起来运用于日常生活中。

2.理解六种基本情绪对应的需要，并能找到相应的调整方法。

3.理解混合情绪背后对应多种需要。

4.了解混合情绪中主导情绪对应的需要，并能够在其带来困扰时进行调整。

情绪密码探索

活动一　大家怎么了

1.演一演

大家怎么了？

旁白：乐乐是个很喜欢帮助别人的孩子。他希望通过自己的努力帮助更多朋友，可是大家看起来好像并不是都很领情。我们一起来看看发生了什么。

乐乐：森林里有好多动物朋友，我有好吃的，要和大家分享。

旁白：乐乐拿着自己的蛋糕来到森林里。走着走着，他发现了什么，瞪大了眼睛。

乐乐：（惊奇地）白玉兰树竟然还能开出粉色的花朵，我从来没有见过呢。这太神奇了！

旁白：乐乐绕着树看了看，就继续往前走。走着走着，他看见了一只小花猫，就蹲下来对小花猫说……

乐乐：小花猫，你好！我这里有美味的蛋糕，送给你一块。

旁白：正在到处寻找食物的小花猫看见蛋糕，开心地大叫起来。

小花猫：（快乐地）哇！美味的蛋糕！哈哈，今天的午餐解决了！太感谢你了，我的朋友！

旁白：小花猫蹦蹦跳跳地回家了。乐乐继续走着，他发现小黄鹂站在树枝上，赶快跑过去和小黄鹂打招呼。

乐乐：嘿，小黄鹂，你好啊！

旁白：小黄鹂吓了一跳，翅膀急促地扑棱了一下，刚刚抓到的一只小虫子就从嘴里掉到地上不见了。

小黄鹂：（悲伤地）啊！我的虫子！我费了半天的力气才从树叶背面找到的虫子，还没来得及吃就……呜呜……

乐乐：对不起对不起，我不是故意的，你别哭了。唉！

旁白：乐乐叹了口气，继续往前走。他走着走着，看见前面有条

第一单元
第二单元
第三单元
第四单元
第五单元

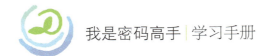
小河，水里有好几只小蝌蚪在游着。

　　乐乐：好可爱的小蝌蚪，可不能让小鱼把它们吃掉呀！

　　旁白：乐乐赶紧把小蝌蚪捞起来，装进小鱼缸，想带回家。

　　小蝌蚪哥哥：（愤怒地）你这个大坏蛋，快点放我们下来！我们要去找妈妈，别阻止我们找妈妈！

　　旁白：小蝌蚪哥哥瞪大眼睛怒视着乐乐，然后在鱼缸里乱游乱撞。

　　小蝌蚪弟弟：（恐惧地）这……这……这是怎么回事儿？快把我放回河里！

　　旁白：小蝌蚪弟弟不知所措地在鱼缸里转圈圈。

　　乐乐：对不起对不起！

　　旁白：乐乐听了小蝌蚪的话，赶快把它们放了。

　　旁白：他继续走了一会儿，看见一只猫头鹰站在树枝上，赶紧跑过去……

　　乐乐：猫头鹰，我有美味的蛋糕和你分享，快下来啊！

　　猫头鹰：（厌恶地）走开走开，我最讨厌睡觉时被打扰了，别来烦我！

　　旁白：猫头鹰扇了扇翅膀，嫌弃地看了一下乐乐，皱了皱眉头。

　　此时，乐乐有点蒙了，他想不明白：大家这是怎么了？

2. 讨论

请你想一想：乐乐和小动物们都有什么样的情绪？他们为什么会有这些情绪？然后运用情绪密码透视法，选择序号填入下表。

情绪：1. 快乐　2. 悲伤　3. 愤怒　4. 惊奇　5. 恐惧　6. 厌恶

实际需要：A. 吃蛋糕　B. 睡觉　C. 白玉兰树只开白色玉兰花

D. 顺利找到妈妈　E. 吃到美味的虫子　F. 回到熟悉、安全的河里

角色	情绪	具体需要
小花猫		
小黄鹂		
小蝌蚪哥哥		
小蝌蚪弟弟		
猫头鹰		
乐乐		

3. 连连看

前面我们分析了乐乐和小动物们的情绪以及情绪背后的实际需要。请看下表，你能把实际需要与其背后的需要本质进行匹配吗？请你连连看。

角色	情绪	具体需要		需要本质
小花猫	快乐	吃蛋糕		渴望有价值的事物
小黄鹂	悲伤	吃到美味的虫子		达成期待
小蝌蚪哥哥	愤怒	顺利找到妈妈		目的顺利达成，不受阻碍
小蝌蚪弟弟	恐惧	回到熟悉、安全的河里		符合主观预期
猫头鹰	厌恶	睡觉		想甩掉令人不愉悦的事物
乐乐	惊奇	白玉兰树只开白色玉兰花		想摆脱可怕的事物

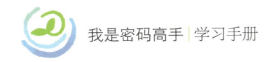

活动二 怎么调整自己的情绪

1. 猫头鹰的调整方法

如果你是猫头鹰，你会怎么调整自己的情绪？请把你的办法填在下表中。

角色	情绪	具体需要	需要本质	调整方法
猫头鹰	厌恶	睡觉	想甩掉令人不愉悦的事物	

2. 乐乐和其他小动物的调整方法

结合故事，把你想到的调整方法填在下表中。

角色	情绪	具体需要	需要本质	调整方法
乐乐	惊奇	白玉兰树只开白色玉兰花	符合主观预期	
小花猫	快乐	吃蛋糕	达成期待	
小黄鹂	悲伤	吃到美味的虫子	渴望有价值的事物	
小蝌蚪哥哥	愤怒	顺利找到妈妈	目的顺利达成，不受阻碍	
小蝌蚪弟弟	恐惧	回到熟悉、安全的河里	想摆脱可怕的事物	

活动三 来到我的生活里

1. 演一演

真 遗 憾

小早学习成绩一直很好。这次为了能够竞选上中队长，她积极参加班级的各项活动，班里的同学也愿意和她做朋友。没想到最后她却以一票之差落选了。她说了句"真遗憾"，然后回到座位上一个人静静地待着，许久未说话。之后好几天她都不愿意和同学们交流。

2. 讨论

（1）小早的"遗憾"这一混合情绪里面可能包含哪些基本情绪？又对应着哪些需要？"遗憾"的情绪已经给小早带来了困扰，影响了她的生活，请你帮她做调整。

混合情绪　基本情绪　　　　需要本质　　　　　　需要的调整方法　　　　　具体调整方法

遗憾

（2）是不是混合情绪中包含的所有情绪都需要进行调整呢？

我真的学到了！

下页列出了这节课的主要内容，你都掌握了吗？请根据你掌握的程度给下页每项内容后面的☆涂色。

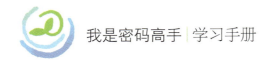

1.每种基本情绪背后都有相应的需要与之对应。☆ ☆ ☆ ☆ ☆

2.混合情绪背后可以有很多不同的需要与之对应。☆ ☆ ☆ ☆ ☆

3.我们可以找到具体需要背后的需要本质，进而找到更合适的情绪调整方法。☆ ☆ ☆ ☆ ☆

4.调整情绪背后对应的需要的方法，我们称之为"情绪密码对应调整法"。☆ ☆ ☆ ☆ ☆

我的练功房

二级功夫第四招：情绪密码对应调整法。

1.练功目的

（1）学会觉察自己的情绪背后对应的需要，通过调整需要来调整给自己带来困扰的情绪。

（2）了解不同的情绪对应着不同的需要以及不同的调整方法。

2.练功要领

（1）找出自己在两个不同的生活情境中产生的两种不同的情绪。

（2）明确自己当时的情绪感受，用恰当的情绪词语表达出来。

（3）接纳自己的情绪，使自己的情绪平和下来。

（4）找出情绪背后对应的需要和调整方法。

（5）比较两种情绪背后不同的需要和不同的调整方法。

情绪密码对应调整法

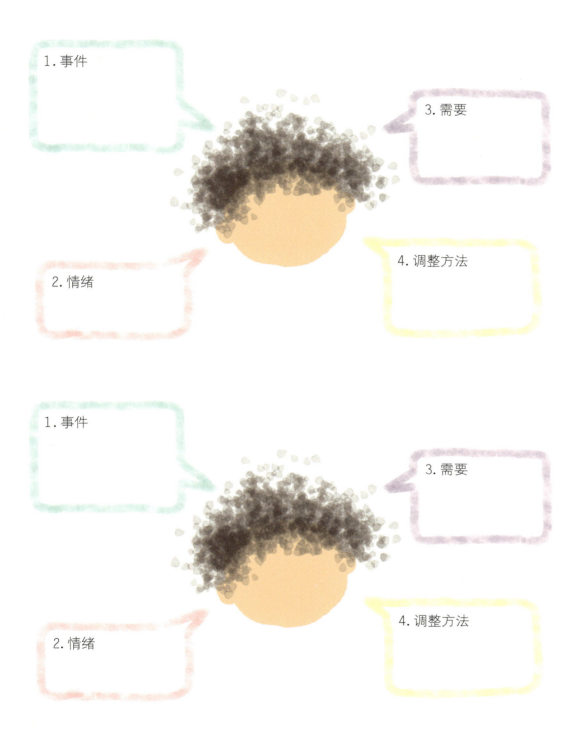

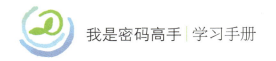
我的学习和练功体会

　　你在学习、练功的过程中有什么体会和感悟？以文字或图画的形式记录下来吧。

第三单元　密码构成

第五课时　友谊密码

学习目标

1. 以情绪体验为基础体会需要密码对友谊的重要性。
2. 体会建立在了解彼此需要基础上的友谊更融洽。
3. 通过交换友谊密码，主动去了解对方的需要。
4. 学会通过对方的情绪理解其可能的需要。

情绪密码探索

活动一　丢失的友谊

1. 演一演

丢失的友谊

旁白：小羊咩咩和小狗汪汪是好朋友。一天，小羊要请小狗吃饭，为此他精心准备了一桌鲜嫩的青草。

小羊：看看这鲜嫩的青草（咽一下口水），真是美味极了！我邀请了我的好朋友汪汪来和我一起品尝。

小狗：咩咩，我来了。

小羊：快来快来，尝尝我为你准备的美味大餐！

小狗：哈哈，我要大吃一顿！……啊？怎么是青草？（失望）

旁白：小狗勉强吃了两口，就再也吃不下去了。

旁白：过了几天，小狗汪汪要请小羊咩咩吃饭。

小狗：我可不能像咩咩那样小气，我一定要用最丰盛的宴席来招待他。

旁白：于是，小狗准备了一桌香喷喷的肉骨头。他刚摆好，就听到了小羊的脚步声。

小狗：咩咩你快来，我准备了香喷喷的肉骨头，快来吃啊！

小羊：怎么是肉骨头？（厌恶地撇嘴摇头）

旁白：小羊一口没吃就走了。

2. 讨论

（1）请你想一想：这对好朋友怎么了？

_____

（2）小狗为了挽回丢失的友谊，下次邀请小羊吃饭时只准备青草可以吗？为什么？

_____

活动二　友谊密码：你需要 + 我需要

小羊和小狗的故事告诉我们：友谊密码 = 你需要 + 我需要。

1. 写写自己的需要密码

你了解自己的需要吗？请你完成下面的问卷。

我的名字：＿＿＿＿＿＿＿＿＿＿＿＿＿＿＿＿＿＿＿

1.美食密码：我最喜欢的食物是＿＿＿＿＿＿。

A.蔬菜　B.肉类　C.水果　D.糖果

2.兴趣密码：我最感兴趣的是＿＿＿＿＿＿。

A.唱歌　B.跳舞　C.画画　D.运动

3.受到批评的时候，我一般会＿＿＿＿＿＿。

A.自己一个人静一静　B.跟朋友诉苦　C.跟朋友出去玩，换个心情

4.当和朋友发生矛盾时，我一般＿＿＿＿＿＿能和朋友和好。

A.半天内　B.半天到一天　C.一天到三天　D.三天以上

2. 猜猜同桌的需要密码

你了解你的同桌吗？来猜猜他（她）的需要密码吧。

同桌的名字：＿＿＿＿＿＿＿＿＿＿＿＿＿＿＿＿＿＿＿

1.美食密码：他（她）最喜欢的食物是＿＿＿＿＿＿。

A.蔬菜　B.肉类　C.水果　D.糖果

2.兴趣密码：他（她）最感兴趣的是＿＿＿＿＿＿。

A.唱歌　B.跳舞　C.画画　D.运动

3.受到批评的时候，他（她）一般会＿＿＿＿＿＿。

A.自己一个人静一静　B.跟朋友诉苦　C.跟朋友出去玩，换个心情

4.当和朋友发生矛盾时，他（她）一般＿＿＿＿＿＿能和朋友和好。

A.半天内　B.半天到一天　C.一天到三天　D.三天以上

3. 统计友谊密码得分

（1）统计自己的友谊密码得分。

请你将你为同桌做的需要密码问卷与同桌自己做的需要密码问卷进行对照，每道题选项相同的计 1 分，总分就是你的友谊密码得分。

我的友谊密码得分：_____分。

（2）统计同桌的友谊密码得分。

请你将同桌为你做的需要密码问卷与你自己做的需要密码问卷进行对照，每道题选项相同的计 1 分，总分就是同桌的友谊密码得分。

同桌的友谊密码得分：_____分。

（3）友谊密码得分比较。

我的友谊密码得分_____（大于 等于 小于）同桌的友谊密码得分。

（4）统计友谊密码总分。

友谊密码总分 = 自己的友谊密码得分 + 同桌的友谊密码得分。

我和同桌的友谊密码总分：_____分。

4. 讨论

（1）请你分享一下参与这个活动的心情。

_____

（2）怎样才能让友谊密码总分更高？

_____

（3）如果两人中有一个人的友谊密码得分特别高，另一个人的得分特别低，会怎么样？

_____

5. 练习交换需要密码，得到友谊密码

我们要学会沟通，学着去交换需要密码，这样我们才会拥有更多

的朋友和更美好的友谊。

（1）请你把你为同桌做的需要密码问卷中选错的题改正过来。

（2）请你和同桌将自己的需要密码说出来，让你们彼此都加深印象。

同桌1：你叫……，我叫……。

你喜欢的食物是……，我喜欢的食物是……。

同桌2：受到批评的时候，你一般会……，我一般会……。

两人：你我密码不一样，交换一下友谊长。

把你和同桌补充的需要密码写在下面，让你们彼此有更多的了解。

活动三　来到我的生活里

你有没有跟好朋友发生过矛盾？现在回想一下，你们当初是不是不够了解对方的需要密码？怎样才能找到需要密码呢？

我真的学到了！

下页列出了这节课的主要内容，你都掌握了吗？请根据你掌握的程度给下页每项内容后面的☆涂色。

1.当我们不了解他人的需要时，很容易看到别扭的镜子，与他人发生冲突。☆☆☆☆☆

2.友谊密码＝你需要＋我需要。☆☆☆☆☆

3.每个人都有自己独特的需要密码，所以不同朋友之间的友谊密码是不一样的。☆☆☆☆☆

4.获得友谊的口诀：照镜子，别扭了；看情绪，想需要；解密码，友谊到。☆☆☆☆☆

我的练功房

二级功夫第五招：你需要＋我需要。

1.练功目的

在生活中和他人发生矛盾时，能够主动去了解对方的需要，同时也了解自己的需要，让自己和他人友好相处，也让自己快乐。

2.练功要领

（1）和他人发生矛盾时，能够用情绪密码透视法判断对方的需要可能是什么。

（2）用情绪密码透视法了解自己的需要是什么。

你需要 + 我需要

我们的情绪故事

我的学习和练功体会

　　你在学习、练功的过程中有什么体会和感悟？以文字或图画的形式记录下来吧。

第六课时　团队密码

学习目标

1. 了解一个团队是有明确的目标和任务的。

2. 体会尽可能协调大家的需要能使团队目标更快更好地实现，这就是团队密码：团队目标＋你我他需要。

3. 了解围绕任务进行的需要协调过程：明确目标和任务—任务分配—满意度调查—愿望表达—任务调整，这就是寻找团队密码的过程。

4. 体会一个人不满意就要调整自己或其他成员的需要，团队成员互相包容沟通，才能更好地实现目标。

情绪密码探索

活动一　明确目标和任务

1. 明确目标

我们的目标：_____。

2. 任务分解

有了目标后，我们就要看看都有哪些具体的任务。把你们组的具体任务写下来吧。

我们组的具体任务有：_____。

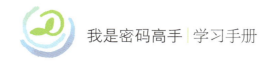

活动二　任务分配—调整你我他

1. 任务分配你我他

你们组的任务分配完成了吗？请把组长分配给你的任务写在下面。

我的任务：＿＿＿＿＿＿＿＿＿＿＿＿＿＿＿＿＿＿＿。

2. 满意度调查你我他

　　请你根据自己对任务分配的满意程度将领到的贴纸贴在海报上"满意度调查你我他"一栏，特别满意就贴 5 张，特别不满意可以不贴。贴好后，把你对任务分配的满意度记录在下面。

　　我对任务分配的满意度：＿＿＿＿＿分。（最高为 5 分）

3. 愿望表达你我他

你对分配给自己的任务满意吗？如果不满意，请你在下面写出不满意的理由以及自己想要承担的任务。

_____

_____

4. 任务调整你我他

经过满意度调查和愿望表达之后，你们组是不是重新调整了任务分配？你的任务有变化吗？如果有变化，把你的新任务写在下面吧。

我的新任务：_____。

活动三　分享交流"团队密码"

1. 团队密码是什么

（1）我们说的情绪密码中的"密码"是什么？

_____

（2）团队密码和友谊密码有什么区别？

_____

2. 怎么寻找团队密码

（1）请你根据刚才的经历，写出寻找团队密码的过程。

_____

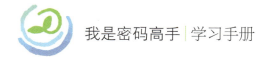
（2）对任务分配的满意度的高低是由什么决定的？

_____

（3）每个人都可以表达自己的愿望吗？为什么？

_____

（4）任务调整需要注意什么？

_____

我真的学到了！

　　下面列出了这节课的主要内容，你都掌握了吗？请根据你掌握的程度给下面每项内容后面的☆涂色。

1. 一个团队是有明确的目标和任务的。
☆ ☆ ☆ ☆ ☆

2. 尽可能协调大家的需要能使团队目标更快更好地实现，这就是团队密码：团队目标＋你我他需要。☆ ☆ ☆ ☆ ☆

3. 明确目标和任务—任务分配—满意度调查—愿望表达—任务调整，这就是寻找团队密码的过程。☆ ☆ ☆ ☆ ☆

4. 一个人不满意就意味着要调整自己或其他成员的需要，团队成员互相包容沟通，才能更好地实现目标。☆ ☆ ☆ ☆ ☆

我的练功房

二级功夫第六招：团队目标你我他。

1. 练功目的

发现在团队中因为自己的需要而调整其他人的需要，或者为了别人而调整自己的需要的情况，理解团队成员之间要互相包容。

2. 练功要领

（1）生活中的团队可以是一个组、一个班级或者一个家庭。

（2）能够发现别人为自己的需要所做的调整，也能够为别人主动调整自己的需要。（最好两方面的例子都有）

团队目标你我他

你在生活中有没有遇到过自己的需要和团队中其他成员的需要相冲突的情况？当时是怎么调整的？

曾经＿＿＿＿＿＿（小组、班级、家庭中的某位成员，包括自己）做过调整。

团队的目标是＿＿＿＿＿＿＿＿＿＿＿＿。

原本我的需要是＿＿＿＿＿＿＿＿＿＿＿＿。

原本其他人的需要是＿＿＿＿＿＿＿＿＿＿。

＿＿＿＿＿＿要调整，理由是＿＿＿＿＿＿＿＿。

＿＿＿＿＿＿也随着调整，因为＿＿＿＿＿＿＿＿。

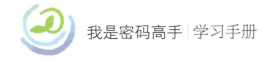

我的学习和练功体会

你在学习、练功的过程中有什么体会和感悟？以文字或图画的形式记录下来吧。

第四单元　密码沟通

第七课时　自我需要密码调整五部曲

学习目标

1. 知道当自己的需要不合理时，自己会与他人产生冲突，给双方带来情绪困扰。

2. 知道发现大爆炸词语①可以帮助我们找出不合理需要。

3. 知道只要头脑中存在大爆炸词语，即使没有说出口，也表示我们的需要可能不合理，冲突仍然会发生。

4. 学会识别和调整不合理需要，进行"你需要"和"我需要"的密码沟通与协调，调整不合理需要，解决冲突。

情绪密码探索

活动一　发现大爆炸词语，体会不合理需要

1. 情景故事

买遥控汽车1

有一天，小天和妈妈去商场买东西。在经过儿童玩具柜台的时候，小天看到一辆遥控汽车，特别喜欢，就对妈妈说："妈妈，我

---

① 我们将容易引发双方冲突的词语称为"大爆炸词语"。

想要这辆汽车。"妈妈说："家里已经有那么多玩具汽车了，不能再买了。"于是小天就赖在地上不起来，大哭大喊："我就要买！就要买！"妈妈气坏了，大声训斥他："你怎么这么不听话呢！……"直到最后，妈妈也没有给小天买遥控汽车。小天特别伤心，妈妈也很生气。

2. 讨论

（1）小天的哪些说法和做法让妈妈特别生气？

_____

（2）小天的需要合理吗？为什么？

_____

（3）请你和同桌两人相互读一读下面这些句子，说说自己的感受，看看这些句子有什么共同点。

① 如果你真的是我的好朋友，你就只能和我一个人好。

② 我们同学都有手机，爸妈必须给我买。

③ 我想要成为班级小干部，大家就应该选我。

这些句子的共同点是_____。

活动二　识别不合理需要

1.情景故事

买遥控汽车 2

　　有一天，小天和妈妈去商场买东西。在经过儿童玩具柜台的时候，小天看到一辆遥控汽车，特别喜欢，就对妈妈说："妈妈，我想要这辆汽车。"妈妈说："家里已经有那么多玩具汽车了，不能再买了。"小天不高兴了，一句话不说，但就是不走！看他这样子，妈妈气坏了，开始大声训斥他："你怎么这么不听话呢！……"直到最后，妈妈也没有给小天买遥控汽车。小天特别伤心，妈妈也很生气。

2.讨论

　　（1）这次小天没有使用大爆炸词语，为什么还是一样的结果呢？

　　（2）请你想一想：在之前学过的故事《卖蒲扇和卖蓑衣》中，老婆婆使用大爆炸词语了吗？她的需要合理吗？为什么？

活动三　调整不合理需要

1. 自我需要密码调整五部曲

在生活中遇到不如意的事，可能是因为我们自己有了不合理的需要。我们要识别自己的不合理需要并进行调整。这个过程是自我调整的过程，分为五步，我们称之为"自我需要密码调整五部曲"。虽然是自我调整，但实际上进行了"你需要"和"我需要"的密码沟通与协调。

自我需要密码调整五部曲

（1）不如意的事情是_____。

（2）大爆炸词语（心中的大爆炸词语）是_____。

（3）我的需要是_____。

（4）对方的需要可能是_____。

（5）我的需要调一调：_____。

2. 拓展练习

请你帮助以下三位同学调整一下他们的需要，看看他们的需要怎样才能变得合理一些，才会得到他人的理解和认同。

（1）如果你真的是我的好朋友，你就只能和我一个人好。

_____

（2）我们同学都有手机，爸妈必须给我买。

_____

（3）我想要成为班级小干部，大家就应该选我。

_____

我真的学到了！

　　下面列出了这节课的主要内容，你都掌握了吗？请根据你掌握的程度给下面每项内容后面的☆涂色。

1. 需要不合理会引发冲突，给双方带来情绪困扰。☆ ☆ ☆ ☆ ☆

2. 发现大爆炸词语可以帮助我们找出不合理需要。☆ ☆ ☆ ☆ ☆

3. 只要头脑中存在大爆炸词语，即使没有说出口，也表示我们的需要可能不合理，冲突仍然会发生。☆ ☆ ☆ ☆ ☆

4. 识别不合理需要，进行"你需要"和"我需要"的密码沟通与协调，调整不合理需要，才能解决冲突。☆ ☆ ☆ ☆ ☆

调整需要解决冲突口诀

大爆炸词语出现了，

不合理需要找一找，

把我的需要调一调，

生活会变得更美好！

我的练功房

　　二级功夫第七招：自我需要密码调整五部曲。

1. 练功目的

在生活中遇到不如意的事时，要先体会自己的需要，看看是不是自己的需要不合理，如果是，要在"你需要"和"我需要"的沟通协调中理解自己的需要为什么不合理，并进行恰当的调整。

2. 练功要领

（1）能够及时觉察困扰自己的情绪，通过大爆炸词语识别不合理需要。

（2）在"你需要"和"我需要"的沟通协调中理解自己的需要为什么不合理，并进行调整。

自我需要密码调整五部曲

1. 不如意的事情是＿＿＿＿＿＿＿＿＿＿＿＿＿＿＿＿＿＿＿＿＿＿。
2. 大爆炸词语（心中的大爆炸词语）是＿＿＿＿＿＿＿＿＿＿。
3. 我的需要是＿＿＿＿＿＿＿＿＿＿＿＿＿＿＿＿＿＿＿＿＿＿。
4. 对方的需要可能是＿＿＿＿＿＿＿＿＿＿＿＿＿＿＿＿＿＿。
5. 我的需要调一调：＿＿＿＿＿＿＿＿＿＿＿＿＿＿＿＿＿＿。

我的学习和练功体会

你在学习、练功的过程中有什么体会和感悟？以文字或图画的形式记录下来吧。

第八课时 情绪反应密码

学习目标

1. 理解每个人的情绪反应密码是不同的。

2. 知道当我们不理解对方的情绪反应密码时，容易发生冲突，调整情绪反应密码可以让我们更好地与他人相处。

3. 知道情绪反应密码会影响情绪的调整。

情绪密码探索

活动一 发现情绪反应密码

1. 情景故事

吃冰棍儿

这次拔河比赛三（1）班得了第二名，和第一名就差两分，同学们垂头丧气地坐在教室里。一会儿，班主任王老师拎着一袋冰棍儿进了教室，招呼大家："同学们，吃冰棍儿了！"

小迅眼睛马上就亮了："我来了！"

小曼像是没有听到一样，自己在嘀咕："怎么就输了呢？刚刚差一点儿就赢了。"

小郑开心地说："真好，有冰棍儿吃啦！"

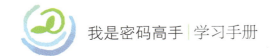

小付低声嘟囔着："万一拉肚子怎么办？"

小强站起来，兴奋地招呼着："大家快来领冰棍儿！"

薇薇慢悠悠地站起来说："我也吃一根吧。"

2. 讨论

班主任王老师想用冰棍儿调整同学们的情绪，看来同学们的情绪调整情况不太一样。你知道每个同学的情绪调整情况为什么不一样吗？

活动二　情绪反应密码大不同

1. 认识不同的情绪反应密码

接下来，我们来了解一下情绪反应密码。请看下面的反应密码卡片。

正向：容易感受到生活中令人开心的事情。	（　　）
负向：容易感受到生活中令人不舒服的事情。	（　　）

强烈：面对事情情绪反应比较大，容易表现出来。　　　（　　　）

微弱：面对事情情绪反应比较小，表现不明显。　　　（　　　）

持久：情绪比较稳定，保持时间较长。　　　（　　　）

短暂：情绪比较多变，保持时间很短。　　　（　　　）

你能根据前面情景故事中六位同学的表现，找到他们的情绪反应密码吗？请把他们的名字写在上面卡片中的括号里。

2. 了解自己和同伴的情绪反应密码

你了解自己和同伴的情绪反应密码吗？说说自己的情绪反应密码，听听同伴的情绪反应密码，最好能举例说明。

活动三　我反应你反应，反应调一调

请你运用情绪反应密码解决下面故事中的问题。

1. 情景故事

为什么会这样？

学校组织校外实践活动，小天、小曼和小美三人一组，和其他组比赛，看哪个组最先到达帐篷处（需要先找到帐篷，然后三人一起过去）。他们站在山坡上，很快就发现山坡底下有一顶帐篷。小曼和小美立即欢呼着要往下跑。小天拧着眉看着远处的帐篷，对她俩说："下坡路陡，危险，我们还是慢点儿……"听到小天的话，小美立刻停了下来，停顿了一下，说："小曼，危险！慢点！"小曼丝毫没有停，边跑边说："快跑啊！帐篷就在那儿呢！"小曼说完，小美又停顿了一下，犹豫地看了小天一眼，说："那还是快跑吧。"说完，她又

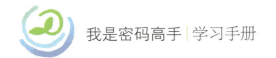

朝着小曼的方向跑去。刚跑一半，小曼就被石头绊倒崴了脚。他们只好停下来，小天和小美搀扶着小曼，慢慢走到帐篷那儿。没能抢先到达，还崴了脚，三个人互相抱怨起来。

2. 讨论

你了解小曼和小天的情绪反应密码吗？请你帮助小曼或小天调整他们的反应，避免冲突吧。

小天的情绪反应密码：_____。

小曼的情绪反应密码：_____。

小天（小曼）的反应调一调：_____。

我真的学到了！

下页列出了这节课的主要内容，你都掌握了吗？请根据你掌握的程度给下页每项内容后面的☆涂色。

1. 我们对事情的情绪反应方式叫作"情绪反应密码"。☆☆☆☆☆

2. 每个人的情绪反应密码不一样，当我们不了解自己和对方的情绪反应密码时，很容易产生冲突。☆☆☆☆☆

3. 发生冲突时，我们可以通过调整情绪反应密码来解决。☆☆☆☆☆

我的练功房

二级功夫第八招：我反应你反应，反应调一调。

人与人之间的冲突，除了由于需要不一样而导致的以外，还可能是因为不理解彼此的情绪反应密码而导致的。在友谊密码和团队密码中加入情绪反应密码，我们就能解决生活中的很多问题。

1. 练功目的

通过不断认识、理解自己和他人的情绪反应密码，调整自己，理解他人，减少冲突。

2. 练功要领

（1）能够理解自己和他人的情绪反应密码。

（2）在生活中及时调整自己的情绪反应密码。

我反应你反应，反应调一调

我（本来的）反应：＿＿＿＿＿＿＿＿＿＿＿＿＿＿＿＿＿＿＿。

你（本来的）反应：＿＿＿＿＿＿＿＿＿＿＿＿＿＿＿＿＿＿＿。

我的反应调一调：＿＿＿＿＿＿＿＿＿＿＿＿＿＿，冲突远离我。

第一单元

第二单元

第三单元

第四单元

第五单元

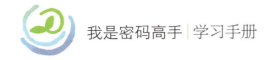
健康宣言

做个密码高手

觉察情绪有镜子，

透视对应照一照，

需要反应调一调，

友谊团队乐陶陶。

　　为了幸福，我 ＿＿＿＿＿＿ 愿做个密码高手，理解自己和他人的情绪，让自己与他人的相处更融洽、更温暖、更健康。

宣誓人：＿＿＿＿＿＿

＿＿＿年＿＿月＿＿日

我的学习和练功体会

　　你在学习、练功的过程中有什么体会和感悟？以文字或图画的形式记录下来吧。

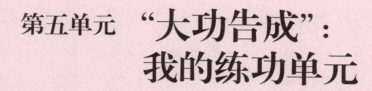

第五单元 "大功告成"：
我的练功单元

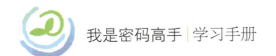

从这一单元开始，你将进入练功单元的学习和实践。期待你的练功分享，更期待你的成长！

这一单元我们将进行两个"大功"——"自我需要密码调整五部曲"和"寻找和谐的家庭密码"的练功分享。在第一个"大功"分享之前，你要根据"自我需要密码调整五部曲"练功，每周完成一张练功单的填写（见第九课时附件部分）。在第二个"大功"分享之前，你要和父母一起练功，每周完成一张"家庭密码单"的填写（见第十课时附件部分）。

"大功"分享之前是自我练功阶段，请你和三位同学组成四人小组，经常交流练功情况。在每个小组内，你们可以轮流组织交流，每周一次。现在，请你们商量确定每周小组交流的负责人，并填到下表中。

时间	"自我需要密码调整五部曲"练功交流负责人	"寻找和谐的家庭密码"练功交流负责人
第一周		
第二周		
第三周		
第四周		

你们将在每周五用15分钟时间进行组内交流，交流后，请把你写好的"'自我需要密码调整五部曲'练功单"（第九课时）或"家庭密码单"（第十课时）交给老师保存。完成最后一次组内交流后，你们小组要推荐一位同学在练功分享课上与全班同学分享。在练功分享课上，你们小组的负责人要说明你们组的推荐理由，同时组内的同学要把分享的这位同学调整自我需要的过程（第九课时）或与父母沟通的故事（第十课时）表演出来。每组的分享时间只有3分钟，

请你们好好准备。

相信通过这些练功，你与他人相处会更加和谐，你和父母的关系会更加亲密，你的生活会更加幸福，你们小组内的同学也会成为更亲密的朋友。

第一单元

第二单元

第三单元

第四单元

第五单元

第九课时 "自我需要密码调整五部曲"练功分享

学习目标

1. 能在生活中运用情绪觉察与情绪密码透视法分析情绪及其背后的需要。

2. 能有意识地觉察日常生活中用到的大爆炸词语。

3. 了解大爆炸词语并不是任何时候都会被表达出来的。

4. 学会遇到问题时思考自己的需要和他人的需要是否合理，需要不合理时能进行调整。

情绪密码探索

活动一 练功分享

（1）对于刚才的练功分享，你有什么想说的吗？

_____

（2）是不是每一次冲突中都会出现大爆炸词语？

_____

活动二　讨论调整自我需要的方法

（1）在前面分享的几个案例中，你发现了什么共同特征？

_____

（2）你能总结出他们是通过什么方式来调整情绪的吗？

_____

活动三　推荐自己最喜欢的"自我需要密码调整五部曲"

我最喜欢的是：_____。

我的理由：_____。

第一单元

第二单元

第三单元

第四单元

第五单元

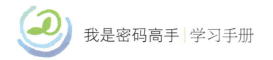

附件

"自我需要密码调整五部曲"练功单

1. 不如意的事情是＿＿＿＿＿＿＿＿＿＿＿＿＿＿＿＿＿。

2. 大爆炸词语（心中的大爆炸词语）是＿＿＿＿＿＿＿＿。

3. 我的需要是＿＿＿＿＿＿＿＿＿＿＿＿＿＿＿＿＿＿。

4. 你的需要可能是＿＿＿＿＿＿＿＿＿＿＿＿＿＿＿＿。

5. 我的需要调一调：＿＿＿＿＿＿＿＿＿＿＿＿＿＿＿。

"自我需要密码调整五部曲"练功单

1. 不如意的事情是＿＿＿＿＿＿＿＿＿＿＿＿＿＿＿＿＿。

2. 大爆炸词语（心中的大爆炸词语）是＿＿＿＿＿＿＿＿。

3. 我的需要是＿＿＿＿＿＿＿＿＿＿＿＿＿＿＿＿＿＿。

4. 你的需要可能是＿＿＿＿＿＿＿＿＿＿＿＿＿＿＿＿。

5. 我的需要调一调：＿＿＿＿＿＿＿＿＿＿＿＿＿＿＿。

"自我需要密码调整五部曲"练功单

1. 不如意的事情是＿＿＿＿＿＿＿＿＿＿＿＿＿＿＿＿＿＿＿。

2. 大爆炸词语（心中的大爆炸词语）是＿＿＿＿＿＿＿＿＿＿。

3. 我的需要是＿＿＿＿＿＿＿＿＿＿＿＿＿＿＿＿＿＿＿＿＿。

4. 你的需要可能是＿＿＿＿＿＿＿＿＿＿＿＿＿＿＿＿＿＿＿。

5. 我的需要调一调：＿＿＿＿＿＿＿＿＿＿＿＿＿＿＿＿＿＿。

第一单元

第二单元

第三单元

第四单元

第五单元

第十课时 "寻找和谐的家庭密码"练功分享

学习目标

1. 能在生活中了解自己和家人的情绪反应密码。
2. 能够理解自己和家人的情绪以及情绪背后的需要。
3. 学会通过调整需要或情绪反应密码来解决冲突。

情绪密码探索

我们前面学习了友谊密码和团队密码，家庭也是有密码的。今天我们来寻找家庭密码，让我们的家庭更和谐。

活动一 练功分享

（1）请你根据第一个练功分享，回答下面的问题。

① 发生冲突后，双方的行为是什么？行为背后的情绪是什么？

_____

② 如果换作是你，你会有什么情绪？

_____

③ 你理解发生冲突的几个人情绪背后的需要吗？

_____

（2）听完第二个练功分享，你有什么感想？

_____

（3）听完第三个练功分享，请你想一想：为什么道理大家都懂，却还是做不好呢？

_____

活动二　故事分析

吃　蛋　糕

　　我生病了，有点咳嗽。今天是我的生日，我和妈妈说我特别想吃生日蛋糕，可是妈妈不同意，说我还咳嗽，不能吃蛋糕。我很伤心，今天可是我的生日啊！我又去找了爸爸。爸爸听了我的请求，去找妈妈商量。最后，爸爸妈妈给我买了一个小蛋糕。爸爸嘱咐我："少吃点儿，毕竟你咳嗽还没好啊。"我开心地点了点头。

　　在这个家庭中，他们是怎么沟通的？

_____

听　谁　的？

　　每个星期我都会去奶奶家吃饭，每次奶奶都给我准备好吃的红烧肉。爸爸妈妈都不愿意，因为我有点胖，他们总是担心我的健康问题，怕我吃肉太多影响健康，便让奶奶少做点肉、多做点菜。奶奶却不这么认为，她觉得我年纪小、身体棒，吃肉也不会影响健康，所以每次还是做很多肉，只做一点菜。结果，每次到奶奶家吃饭的时候，爸爸妈妈和奶奶都会争执一番。

　　这个家庭遇到的问题该怎么解决呢？

_____

第一单元

第二单元

第三单元

第四单元

第五单元

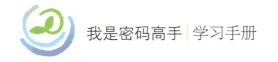

附：给家长的信

道理我们都懂，可是有些事情、有些东西，对我们太有诱惑力了，我们好想再试一试。

有时我们爱发脾气，有时我们喜欢撒娇，有时我们喜欢拖延。爸爸妈妈，道理我们都懂，可是我们管不住自己。

你们可以督促我们，但请不要用暴跳如雷的方式阻止我们。

有时我们会因为害怕你们生气而不去做一些事情，可我们更希望你们能陪我们真正学会管理自己。

希望你们是我们坚强的后盾！

附件

家庭密码单

曾经_____（家庭中的某位成员，包括自己）做过调整。

家庭的目标是_____。

原本我的需要（反应）是_____。

原本其他人的需要（反应）是_____。

_____要调整，理由是_____。

_____也随着调整，因为_____。

家庭密码单

曾经_____（家庭中的某位成员，包括自己）做过调整。

家庭的目标是_____。

原本我的需要（反应）是_____。

原本其他人的需要（反应）是_____。

_____要调整，理由是_____。

_____也随着调整，因为_____。

第一单元

第二单元

第三单元

第四单元

第五单元

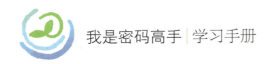

家庭密码单

曾经_____（家庭中的某位成员，包括自己）做过调整。

家庭的目标是_____。

原本我的需要（反应）是_____。

原本其他人的需要（反应）是_____。

_____要调整，理由是_____。

_____也随着调整，因为_____。